Navio Negreiro
Maria Duda

2ª reimpressão

Navio Negreiro
Maria Duda

Rio de Janeiro
Malê Edições
2019

Copyright © 2019 Editora Malê Todos os direitos reservados.
ISBN 978-85-92736-51-4

Capa: Luang Senegambia Dacach
Editoração: Luang Senegambia Dacach
Editor: Vagner Amaro e Francisco Jorge
Revisão: Isabel Espírito Santo

Texto revisado segundo o novo Acordo Ortográfico da Língua Portuguesa.
Proibida a reprodução, no todo, ou em parte, através de quaisquer meios.
Dados internacionais de catalogação na publicação (CIP) Vagner Amaro
CRB-7/5224

D844n	Duda, Maria
	Navio negreiro / Maria Duda. – Rio de Janeiro:
	Malê, 2019.
	84 p.; 19 cm.
	ISBN 978-85-92736-51-4
1.	Poesia brasileira II. Título
	CDD – B869.1

Índice para catálogo sistemático: Poesia brasileira B869.1

Todos os direitos reservados à Malê Editora e Produtora Cultural Ltda.
www.editoramale.com.br
contato@editoramale.com.br

Na esperança de meias-luas dos sorrisos, de encontrar onde coisa e flor têm a mesma cor e de atender aos futuros desejos que irão surgir.

Em memória dos melhores brindes e lágrimas ébrias, das melhores incertezas e frios na barriga, dos mais exigentes momentos de pressão e dos mais singelos risos; dos melhores encontros e dos melhores amigos.

Para aqueles que, apesar dos pesares, me olham nos olhos e sabem de tudo o que não é verdade.

SUMÁRIO

- 11 **Quem tem medo da justiça**
- 15 **Maria Tereza**
- 19 **Ninguém quer falar da morte**
- 23 **Crime absoluto**
- 27 **Navio negreiro**
- 33 **Futuro**
- 35 **Assiste**
- 37 **Infância**
- 39 **Cachos**
- 41 **Favela da Praia do Pinto**
- 45 **Banquete**
- 47 **Espelho**
- 49 **Rio**
- 51 **Anjo**

53	**Deus mudou de cor**
55	**Liberdade**
57	**Cuidado**
59	**Jaulas**
61	**Destino**
63	**A mosca**
65	**Fogos**
67	**Duvidei**
69	**Eu vi**
73	**O tempo**
75	**Não há fora**
79	**Oremos em iorubá**
83	**Esperança**

Quem tem medo da justiça?

Quem é você, que vai pagar pelos corpos jogados nos mares?

Que vai pagar pela vida de Dandara e de Zumbi dos Palmares?

Quem é você que vai comprar de volta a infância dos que a perderam?

A identidade dos que a perderam?

A vida dos que a perderam?

Quanto vale a vida pra você?

Quanto valem nossas vidas, se me paga a despedida com as lágrimas que não descem enquanto nossa morte é aplaudida

Quem é você, que vai pagar pela limpeza social da capital do império?

Pelas mulheres presas por adultério?

Que vai pagar pelas vidas de Canudos e dos malês?

Pela invenção e violação das ditas leis?

Quem é você, que vai pagar pelos futuros que foram ceifados no passado?

Por termos que viver entre os fantasmas dos que são assassinados?

Quem é que vai me ensinar a viver depois de perceber o que você me roubou?

Minha ausência no livro de história?

A ausência da minha memória?

Quem é você, que vai limpar as manchas do nosso sangue no áureo da bandeira?

Que vai negar que a recíproca é verdadeira?

As igrejas sendo construídas com o sangue dos nossos braços

Enquanto fazia nossa religião se esconder em pedaços

Quem é você, que vai pagar por tudo que acontecer depois?

Pelo batismo forçado dos bantos e dos nagôs?

Por não ser possível apreciar a vista do alto dos morros sem antes ouvir o coro dos metais perfurando as paredes das favelas?

E as crianças sem infância pelos becos, bocas e vielas?

Quem é você, que vai pagar pela amarra da mordaça?

Pelos açoites nas praças?

Pela dispersão de toda uma raça?
Quem é você?

Apareça você

Quem é você, que manda que extermine o negro e o encarcere?

Quem é você, que matou Marielle?

Apareça você, que matou Marielle

Que faz de nossa dor entretenimento

Que vai sofrer na pele a catarse do meu ressentimento

Marcharemos outra vez em direção à liberdade

Tiraremos o seu nome das ruas dessa cidade

Marcharemos ao passado em busca da nossa verdade

É você o responsável por nos associar à preguiça?

É você quem me quer submissa?

É você o responsável pela ilusão de uma pátria mestiça?

Eu te pergunto, quem é você,
Que tem medo da justiça?

Maria Tereza

Maria Tereza não gostava da noite.
O sol acordava
E ela acordava logo atrás
É porque não tinha cobertor suficiente
Pra esquentar toda a família no frio que a noite trazia
Mal tinha óleo de baleia pra iluminar a escuridão que fazia.

Sua mãe sempre avisava
Que não se deve confiar em homem errante
Mas de coração ingênuo e sorriso contagiante
Por onde passava, sua doçura encantava.

As lentes dos olhos ganhavam colorido.
Os sons tornaram-se progressivos.
Dormiu assim, suave
E quando despertou: já amava
E foi quando Maria Tereza já enjoava
E sua fome atordoava
Ouviu as moças da cidade advertindo:
Tinha bebê vindo

Mas Maria Tereza, aos 15 anos, já fora maltratada
pela vida
Atordoada e iludida
Pelo fantasma
da infidelidade.

E ela sentiu seu rosto dormente, como nas noites
de frio
Seu estômago queimando de agonia
E sua cabeça dando pontadas em sintonia
Com o ritmo
em que as lágrimas
escorriam
pelo seu rosto.

Naquele dia Maria Tereza pensou em sua mãe
Sua mãe que após seu trabalho árduo
teria mais um fardo
e a própria filha condenada a ter um filho bastardo.
Mas após inúmeras vezes o sol tocar o chão
Como se a história brincasse com o enredo de
sua vida
Voltou seu amor e deu-lhe o perdão.
E como dois namorados malditos num ilusório
apogeu
Planejaram sua fuga sem pudor.
No dia seguinte

Se encontrariam no mesmo ponto de sempre
E partiriam dali em direção a uma vida sem dor

Roupinhas de criança era tudo que tinha posto
na mala
E ao cair da madrugada
Fugia a louca degenerada
Enquanto ria dela o destino que a esperava

No dia seguinte
Maria Tereza esperara horas a fio
Mas seu amor não aparecera.

Então, achando demais para suportar
Amaldiçoando o Deus que roubara sua fé
Comprou aquele pó
O pó que as mães usavam para matar os roedores
E virou o frasco inteiro
Em uma xícara de café.

Sua mãe só soube de sua morte quando saiu no
jornal da cidade a manchete
"MORTE POR AMOR"
Ao reconhecer seu corpo, foi tomada de afeto
E foi só ao abrir sua mala que ela soube
Além de perder sua filha
Também havia perdido seu neto

E essas histórias ainda se repetem

Quando os homens defloram o puro
E pelo seu amor competem.
Quando se lambuzam até o tédio
E ainda são enaltecidos
Pela legião deixada de filhos não assumidos

Mas o que me deixa mais incrédula
É que logo Maria Tereza, que detestava escuridão
Saiu iludida por uma promessa de felicidade
Adentrando-se sozinha na escuridão da noite
Acompanhada somente pela luz da lua

Se é que teve lua naquela noite.

Ninguém quer falar da morte

Ninguém quer falar da morte
Já dizia meu avô
Foi entregue à própria sorte
Sem afago, sem cigarro
Nem anestesia pra dor
Não quero falar da morte
Se ela chegar perto de mim, dou logo um corte
Não tem sentido, não tem norte
E as coisas que lá eu via
Todo mundo já me dizia
Deixa quieto, vai acabar
Não adianta chorar
Às vezes, é melhor descansar
Descansa quem queria descanso e ele não queria descanso
Mas acho que no fundo eu já sabia
É que meu avô sempre dizia
Não é verdade se você não aceitar
Mas as coisas que eu vi lá
Ah, as coisas que eu vi lá
Ninguém devia passar
Não sei quantos dias foram
Que eu chegava e ele tremendo

Eu tentava ajudar
Falava sobre a vida, sobre a escola ou o último jogo do Flamengo
Só não queria falar da morte
Mas eu vi lá
Gente que queria
Pra quem morrer era sorte
Que pedia pela morte
Naquela enfermaria
Tinha gente de toda cor
Homem dormindo
Homem acordado
Até ladrão escoltado
Homem novo, homem velho
Gente cheia de mistério
E cada história ali
Era carregada de dor
Mas seguia com a firmeza
E com os olhos cheios de tristeza
Mascarava aquele horror
Mas não quero falar da morte
Vai estudar
Ele mandava
Pra igual a mim cê não acabar
E eu obedecia, afinal era ano de vestibular

E mais uma tarde se passava
Em que alguém passava mal
Enquanto eu estudava sentada no chão do hospital
E sempre que alguém morria
Uma cama ficava vazia
Quem seria o próximo?
A morte perguntava
Mas em silêncio, claro
Todo mundo ignorava
Porque ninguém queria sentir
O soco lento que a palavra morte dava ali
Vão dizer que era mentira
Mas como é mentira se eu ouvi?
Eu ouvi
A morte dizer
Que preto e pobre não tem chance por aqui
Meu avô não era santo, longe disso
Me ensinou a não julgar
Ah, mas droga, não se droga
Era o que ele tinha pra me ensinar
E eu aprendi?
Aprendi nada
Nem isso eu aprendi

Mas sabe o que eu acho engraçado?
É como, apesar de tanta coisa
A gente continua a amar
Como a minha vó, que quase sempre se escondia
Chorava em silêncio sempre que ele bebia
Ontem mesmo tava sentada no sofá
E com um suspiro distraído e o peso da saudade disse
"Filha, você acha que você e seu avô vão se reencontrar?"
Mas ainda não queria falar sobre a morte
Ele, depois de tudo que passou, não ia querer falar sobre a vida
Vida? Que vida? Chega de vida
Pra ele a morte foi amiga
Amiga que logo eu vou encontrar
Pra onde que a morte leva, vó, não sei, como é que
eu vou saber?
Mas na vida eu tento, eu arrisco, eu jogo
E reza a lenda por aí que todo tipo de amor é eterno
Sendo assim, vô, até logo

Te encontro no inferno.

Crime absoluto

Como será que surge o complexo de inferioridade de quem é preto?
Nos ensinam que só podemos ter sucesso no futebol, no samba
Ou com arma na mão, pra ser dono do gueto
Enquanto isso a pele branca
Sempre acaba causando tormento
Antes, alvo do meu desejo
Hoje, do meu ressentimento
Olodumare, olha em que nos transformaram
Foi o crime absoluto
Nosso corpo em objeto
Nossa alma em produto
Visão meritocrática da colonização
Nos empurraram outra cultura e chamaram de educação
Irmãos,
Não planejamos um futuro baseado nas instituições tradicionais
Por Conceição e Marielle
Deixe que queimem a Câmara Municipal, que queimem a ABL

Eu vejo meu povo se matando no crime, isso é coisa séria
Mas joga um pedaço de pão entre os famintos e os verá se matando sem se perguntarem o porquê da miséria
É mais fácil odiar seu igual do que odiar o responsável por termos que nos matar por nada
Isso de facção é briga de galo, tem plateia, periferia é rinha e a única lei é a da faca
Traz mais orgulho ter pistola no couto e lutar pelo seu território
Do que implorar o mínimo de humanidade a uma humanidade que nunca chegou no morro
Não passar pela humilhação de ter que pedir socorro
É assim que meu povo não dorme, sempre pronto pro ataque
E assim a gente vai perdendo nossos Notorious e 2pacs
Mentes brilhantes que viraram reféns
Mas eu não tô julgando, amigo,

Meu pai já foi mula também
A gente quer fazer valer o esforço de quem veio antes da gente
Mataram meu avô aos poucos, não só no hospital
Antes no manicômio, na favela e no sistema prisional
Eu sei que planejaram cada metro desse chão
Pra não chegar ambulância, paz, muito menos educação
Mas esquece isso, acabou faz tempo a escravidão
Só que não dá pra perdoar uma pátria que não nos pede perdão
Olodumare, olha no que nos transformaram
Foi o crime absoluto
Nosso corpo em objeto
Nossa alma em produto
Contra um mundo que nos enclausura
Diminui e aos poucos vai nos sufocando
Contra um mundo que nos diz a todo momento
Você nunca será branco

Mas deve morrer tentando.

Navio negreiro

Vocês pintam que racismo não existe
Que com a escravidão ele ficou
Então vamos lá rever os fatos e desconstruir esse mito fundador
Vocês dizem que a escravidão foi pacífica, que não teve resistência
E que a abolição foi da modernidade consequência
Não, não foi a Princesa Isabel, nem vontade inglesa ou norte-americana
Foi o medo que vocês estavam de que o império fosse em cana
Que a gente seguisse o exemplo do Haiti
E que o império de vocês fosse cair
Vocês queriam que a gente achasse
Que a abolição foi concessão
Pra agora esperar sentado nossa libertação
Mas a gente não vai ceder
E a semelhança, impossível não perceber
Senzala virou favela
Canavial, boca de fumo
Mas continua igual o nosso papel, que é apanhar
Enquanto capitão do mato vira policial militar
Quem procura acha

Quando não acha, forja
Sempre que dá, esculacha
Só dinheiro compra essa corja
Mas lembrem-se
Eu não sou filha das bruxas que foram queimadas
Sou filha das escravas que foram estupradas
Que carrego o peso da miscigenação
E sou memória viva de um crime que não tem perdão
Mas que é admirado e usado pra hipersexualizar
Aplaudido e romantizado em Iracema de Alencar
Mas pra cada senhor de engenho tem um Zumbi dos Palmares
E é assim que a sua ignorância vai sumir pelos ares
Agora, voltando à escravidão
Vocês só a aboliram porque não tiveram opção
Foi o homem branco tremendo
Senhor de engenho correndo
Capataz atrás morrendo
Até o sol raiar
Foi quilombola crescendo
Palmares tava dizendo
Enquanto Xangô tava vendo
Até o sol raiar

E os meus atentos ancestrais já percebiam que vocês estavam
Estremecendo por mais medo do que cabe
E que o negro é forte e resistiu até à morte
Não adianta mais mentir que a gente sabe
Então acendo uma vela e peço pra Oxum
Conforme jaz aqui, um por um
Peço pela inocência perdida do meu coração
nada
vivido
Peço que os tiros não nos alcancem e que nosso corpo seja protegido
Peço pelo dia que branco também possa ser visto como bandido
Peço que quem for pego no ato é que pague o pato
Porque agora quem tá pagando o pato sou eu
O país tá desmoronando, mas é na cabeça dos meus
Cada dia que passa um conhecido inocente dá adeus
Eram 7 dias para a vela queimar
6 por semana pra ir trabalhar
Foram 5 filhos que teve que criar

Eram 4 horas de prazer até sua onda acabar
A esposa já foi 3 vezes abortar
E já viu 2 vezes parente rodar
Mas levou uma hora só pra matar
Aqui jaz meu avô, Hênio da Silva
Doença simples, solução paliativa
Morreu no Getúlio Vargas, convulsionou por uma
hora sem ninguém sequer notar
Tudo porque a gente não entrou no esquema
Meu avô não morreu de doença, morreu pelo sistema
É porque aqui
Lei Áurea é mais mito do que a lenda do Saci
O que fizeram foi nos colonizar depois de abolir
Foi nos dividir, com medo de ver o império ruir
Mas eu acendo a minha vela
Afinal, é fácil pra você falar que mar calmo nunca fez bom marinheiro
Acontece que isso aqui não é Titanic
É pior
É navio negreiro.

Futuro

Direi as mais duras coisas
Sobre todos os amores que vierem
Sim, haverá outros futuros
Além desses que nos ferem

Aprenderemos a viver com o que é bom
E ser menos inconsequentes
Não mais trocaremos os pés pelas mãos
Ou fugiremos ao menor inconveniente

E se um dia não mais quisermos viver
sob a ilusão de nossa sabedoria
Te guardarei sob a linha do horizonte
Onde os pássaros pousem todo dia

Farei com que saibam seu nome
Mesmo que minha voz não mais te faça sentido
Cantarei nossas alegrias usando teu codinome

Enquanto a redenção de nossas promessas ecoem em nossos ouvidos.

Assiste

O Estado com a arma apontada pra nossa cabeça, quando o negro resiste
A incerteza e o perigo no qual o nosso futuro consiste
Assiste, que a gente pode até apanhar
Mas antes a gente vai gritar
Não só pelas que no Pelourinho foram assassinadas
E pela Inquisição foram queimadas
A gente vai gritar pelas que tão apanhando de um lado
Pelos que na Líbia estão sendo traficados
Pelos sonhos que estão sendo amarrados
Puramente pela desesperança que é nascer favelado
Assiste e aproveita o espetáculo do genocídio negro
E aplaude com vontade, como se fosse novela
Porque a revolução tá chegando

E ela vai vir da favela.

Infância

Hoje eu quero brincar de ser criança
Pra que na balança da vida
Eu recupere um pouco a inocência
Pra que eu volte a encontrar as certezas escondidas
Que os adultos não mostram.

Quero poder aprender de novo que as flores têm cheiro
Que ninguém carrega os aviões
Que existem horas diferentes pelo mundo inteiro

Ser criança é nunca dar espaço pra dor
Acreditar que está tudo bem
É preservar-se dando amor,
Procurar explicações, e se não satisfeitas, ir além.
Só que a vida insistiu em me roubar a infância
E hoje eu sigo desaprendendo
Desaprendi o que me ensinaram sobre minha cor
Desaprendi o que me ensinaram sobre meu cabelo
Desaprendi o que me ensinaram sobre os homens
Desaprendi o que me ensinaram sobre a história
Eu me pergunto o que eu seria
Se em minha vida não caísse esse dilúvio de interferências
Mas, ainda em tempo, eu aprendi a desaprender,
E vi, no desaprendizado,
A origem da resistência.

Cachos

Queriam alisar os nossos cachos
Diziam que existia cabelo bom
Será que realmente acreditavam
Que cabelo faz boa ação?
Não
Não é melhor ter pele branca e cabelo cor de mel
Aprendi que o meu Black
Tem muito mais força que o loiro da Rapunzel

Favela da Praia do Pinto

Favela da Praia do Pinto
Ficava entre a Lagoa e o Leblon
Eram os favelados no bairro grã-fino
Branco e preto, todo mundo pisando no mesmo chão
Mas é claro que isso ninguém podia aceitar
Então entrou em cena a política de remoção de favelas do regime militar
O regime ameaçou: vocês vão ter que abandonar
Mas a resistência na favela começou a se organizar
E foi no dia 11 de maio de 1969
Um incêndio de causa "nunca identificada" se alastrava por lá
E os moradores desesperados ligavam pras ambulâncias e bombeiros
Mas obedecendo ordem dos militares, naquela noite eles pararam o serviço no Rio de Janeiro
Líderes comunitários desaparecidos, número indeterminado de feridos
9000 moradores desalojados e removidos
Incluindo meus avós
Foram todos levados pra Cidade de Deus ou Cidade Alta em caminhões de lixo
E você ainda acha que algum bem pode sair disso?
Queimaram casas, barracos e terreiros

Agora, imagine minha reação ao descobrir
que a favela em que eu cresci
veio do metro quadrado mais caro do Rio de Janeiro
E eu escrevi isso aqui pra dizer o que ninguém
parece pensar
Que não foi só artista, burguês e comunista que
morreu na ditadura militar
Mas por que então quando me ensinam sobre
ditadura só falam do exílio de Chico Buarque e não
falam dessa favela tão distante?
Isso é pra você perceber de uma vez que até pra
essa esquerda blasé a Morte branca é mais
importante
E o militarismo hoje?
Disfarça a matilha, humilha, atira e depois diz que
errа a mira
Espetaculariza o medo para justificar intervenção
militar
Enquanto você fica cercado, eles assistem o circo
armar
Mas quando o ódio te sobe à garganta
Se na tua mesa falta janta
Se a Diáspora ainda canta
E tu não tem pra quem clamar
O mundo tá perdido, se protege do mal
Mas cuidado com os que falam em nome de Deus
só pra fazer propaganda

Não tô protegida pela sua Universal e sim pelos Deuses de Aruanda
Mas dê a César o que é de César
E a Deus o que é de Deus
Na Zona Norte o sangue chove
A Morte negra não comove
Pobre é sempre culpado até que o contrário se prove
E o preconceito não acabou
Mas dê a César o que é de César
Pela justiça de Xangô
O maquinário do Estado
Que não quer mudar, só manter
Só encarcera favelado
Enquanto rico faz fila pra ver
Eles fingem que não sabem que não vai adiantar porque o mula já foi preso,
Mas o cargo continua lá e a carga não para de chegar
Assim, pobre mata pobre e eles nem precisam se sujar
Intervenção militar? Nem preciso imaginar que em Copa vai melhorar
Mas aqui o cerco vai se estreitar e a favela mais uma vez vai sofrer
Agora, adivinha quem vai matar

E advinha quem vai morrer?

Banquete

De todas as dúvidas nenhuma certeza
Mas tenho calma, afinal, não há nesse mundo
Poeta que entenda o amor com clareza
Quando penso que amo: confirmo presença
Quando percebo o engano, me sinto cansada: saio
à francesa

Minhas certezas têm prazo de validade
Não faço de propósito
É que me ocupa muito tempo ter que desaprender
Tudo que me ensinaram a ser ao me darem um
estereótipo
Me acostumei a pensar resistência
Não deixo portas abertas
As portas que eu fecho permitem o silêncio
E só o silêncio me permite ouvir minha consciência

E muito cansada pela luta
Arrumo os pratos, talheres, preparo a mesa
Sinto a paz do comodismo, penso contradição
Desfruto meu romântico banquete de dúvidas
E convido minha única certeza:

A solidão.

Espelho

No espelho que me deram
Meu reflexo, eu não via
Procurava, investigava
Ainda assim não descobria

Borraram meu reflexo
Quando roubaram a minha história
Estou entre os frutos da Diáspora:
Os espelhos sem memória

Rio

Me deixei nas águas doces
Demorei muito a voltar
Vesti-me com várias faces
Nenhuma me fez me encontrar

Busquei na beira do Rio
Busquei até me cansar
Tentei entender os mistérios
E as águas de Oxum desvendar

Os sons me desviavam de mim
Meus olhos se enchiam de medo
Ao pensar que jamais me encontraria de novo
E pra sempre guardaria esse segredo

Parte de mim vive nas águas doces
Mas ponho-me sempre a me procurar
Na esperança de um dia deixar de ser

A filha de Oxum
que não sabe amar

Anjo

O anjo que vem sem aviso
E os meus sonhos sepulta
E mesmo que não saibamos, tem hora e tem motivo:

A morte sempre tem desculpa

Deus mudou de cor

Desde que aprendi que Deus não era branco
Um pedido não sai da minha cabeça:

Deus, agora que tu és negro
Só te peço que prometas
Que levarás com menos sangue
Os que têm a pele preta

Liberdade

Ô liberdade, preste bastante atenção

Nunca pense que nossa luta é em vão

Se a carne mais barata do mercado sempre foi a carne negra

Hoje eu coloco a carne branca em liquidação

Cuidado

Cuidado com os aplausos, preto
A verdade é que hoje,

*Toda casa grande precisa
de um negro de estimação*

Jaulas

As pessoas não têm o menor respeito pelas vivências que resultam nas poesias que elas tanto aplaudem?

Ou será que essa incompreensão da mensagem é uma questão de linguagem?

Será que nos veem como leões de circo?

Aplaudidos por serem fortes e brilhosos,

Mas que gritam presos
em jaulas para uma plateia
que não entende seus rugidos

Destino

Vi o amor de perto
Anunciei aos quatro cantos
Estava errada: decerto
Adicionei à lista de enganos

Fechei as portas do passado
Olhei pro futuro buscando alegria
Quem diria que meu coração decidido
Hoje seria pura melancolia?

Não sei o que é melhor pra mim
Espero que a sorte saiba
A cada vez que com certeza pensava
Desafiei o destino que me esperava

Digo que o futuro é coisa de outro tempo
Que não tentarei mais mantê-lo ao meu lado
Ah, mas olha eu aqui de novo
Com o meu amanhã já planejado

A mosca

Eu não sou a mosca na sopa
Eu sou aquela que zumbe no ouvido
Que vocês não conseguiram calar
Eu sou Marielle, Rosa Parks e Dandara
Eu sou a Maria Eduarda, que vocês não conseguiram matar
Eu tenho sangue salgado
Que nem o sangue dos meus antepassados, que foi misturado com a água do mar
Eu tenho sangue salgado
Que nem o sangue dos meus antepassados, que saía da ferida do chicote que vocês ainda faziam questão de salgar
Eu sou a devota de Xangô que clama por justiça na Terra
A filha de Oxum e Ogum que até prefere ar, mas se for necessário tá pronta pra guerra
E nunca se fez mais necessário
Então pisa

Pisa
"Pisa na linha de umbanda, que eu quero ver Ogum 7 Ondas
Pisa na linha de umbanda, que eu quero ver Ogum Beira-mar
Pisa na linha de umbanda, que eu quero ver Ogum Lara, Ogum Megê"

Fogos

As nuvens choraram a escolha da democracia
Enquanto os fogos ecoavam em euforia
Coloridos os fogos ocuparam o céu
O medo pintou o retrato fiel
De todos os passos retrocedidos assim
Pela boca de quem gritava
Comemorando seu próprio fim

Duvidei

Se a verdade fosse suficiente pra me fazer crer
Duvidei do que meus olhos viam
Do que meus ouvidos ouviam
De tudo que meus sentidos podiam perceber

O caminho está posto em minha frente
Mas temo andar por essa estrada
O tempo sempre me desmente

Dê certo: não há nada

Eu vi

Eu vi meu povo atravessar o túnel do tempo
Eu vi meu povo preso pelas correntes
Que conseguiram aprisionar nosso corpo
Mas falharam em aprisionar nossa mente

Eu vi o abafo de nossos gritos com a tradução
De nossas línguas maternas,
Nos canaviais, eu vi o quebrar de nossas pernas
Eu vi o disfarce de Deuses em santos
Vi nossos prantos salgarem o Atlântico
Enquanto as ondas vibravam ao som dos nossos cantos

Desses mesmos olhos saíram lágrimas frente a tanto sofrimento
As lágrimas que vi como sinal de fraqueza por tanto tempo
Hoje já as entendo como a força de mamãe que leva a enfrentar os medos
E entendo que meus olhos só serão fracos
Se estiverem secos

E hoje vejo a nossa frente o inimigo na contramão
E hoje vejo a nossa frente a igreja vendendo sermão
Eu vejo a nossa frente a ameaça vindo de um irmão
O mal em ascensão

Talvez pelo cansaço, talvez por estarem sós,
Querem eleger tiranos, querem abraçar o algoz

E assim como nos vi sangrar durante tanto tempo
O preço foi alto
Antes sangrei no tronco
Hoje sangro no palco

Acho que sangro tanto que minha ancestralidade vem me curar
Acho que sangro tanto que minha ancestralidade vem mesmo sem eu a chamar
Acho que sangro tanto que minha ancestralidade vem e eu não consigo controlar
Sangro, solto o verbo e abro a ferida
Mas no fim, só sou aplaudida

E a gente se pergunta se vale a pena
Se foi esse o acordo feito com Orunmilá
Se é esse o caminho em que devemos estar
Mas sigo,
Eu sigo porque a fé é feroz, mas a reza é branda
A reza é estudo, persistência
Mantenho a reza branda porque vem atrás de mim
toda Aruanda
E porque não temo os corpos jogados no sereno
Não sou daqui
Não temo nada terreno

E depois?
Alguns vão chorar
Alguns vão viver suas vidas e meu nome nem irão lembrar

Mas eu cumpro meu papel e te deixo a pergunta:
Além das palmas
O que você vai fazer depois de me ver sangrar?

O tempo

O tempo é um mestre ingrato, assassino
Um mestre que só existe através de você
e mesmo assim te mata
Sem você perceber
É o roteirista da sorte
Ele é tudo o que existe entre você e a morte.
O tempo pode ter começo, mas nunca tem
Ele existe entre os adultos e as crianças
Transformando em pessimismo a esperança
O tempo é a inocência em declínio
Ele é o pai que come seus filhos
O tempo é um dos Deuses mais lindos
Ele foi a primeira árvore plantada
O tempo é cruz, mas também espada
É enumeração

Outono, inverno, primavera, verão
O tempo é um aqui e outro do outro lado
O que leva embora um ente amado
Ele não passa de uma tentativa de eternidade que deu errado
O dia às vezes não cabe no tempo
O tempo às vezes não cabe no dia
O tempo é pura melancolia
O senhor da nossa escravidão
O tempo nunca tem perdão
É um acidente inoportuno
Tanto a órbita quanto o retorno de Saturno
Ele é a métrica do seu poema
O combustível de um sistema
É uma pulga atrás da orelha que persiste
Mas além de tudo isso que o tempo é,
Será mesmo que o tempo existe?

Não há fora

Ei,
Você,
Você mesmo,
Você que usa e joga fora.
Que compra e joga fora.
Que usa e joga fora.
Compra e joga fora.
Usa e joga fora.
Compra e joga fora.
Usa e joga fora.
Compra e joga fora.
Usa e joga fora.
AH
PARA!
Que ironia,
A gente que clama tanto pelo novo, pelo belo
Nós, habitantes de Leônia
Em nome do belo: compramos, usamos,
jogamos fora
E jogando fora
Construímos esses muros de lixo,
De velho,

Do feio,
Do fedorento ao nosso redor
E eu percebi,
Em um momento eu percebi
que estava cercadas das pilhas
de tudo o que joguei fora
Formando muros que ficavam cada vez mais altos
Cada vez mais altos
Cada vez mais altos
E estão tão altos que eu já não vejo mais o sol
E eu não falo só do lixo que produzi mas de tudo o que
deixei em busca do prazer do novo
Aqueles que eu amei e joguei fora
Aqueles que eu disse que amei e joguei fora
Os sonhos de que desisti e joguei fora
As palavras que eu disse e joguei fora
Todos ao meu redor
E eles riem de mim
E eles debocham de mim
E eles falam de mim
Para.
Será que não percebe que tudo
o que jogou fora está no
mesmo lugar que você?

Será que não percebe que todo o lixo
que jogou fora
ainda está no mesmo planeta que você?
Para.
Para um minuto e imagina ao seu redor as pilhas
enormes de tudo o que você jogou fora
De todos que jogou fora
Os amores que jogou fora
As oportunidades que jogou fora
Os sonhos que você jogou fora
O lixo que jogou fora
As palavras que jogou fora
Imaginou?
É bonito?
Cuidado, não há como ter o novo sem produzir
o velho
Então muito cuidado ao comprar,
Ao usar,
Ao amar,
Ao sonhar,
Ao falar,
Achando que se não
der certo, você joga fora.
Cuidado.
Não há fora.

Oremos em iorubá

Eu me pergunto quantas vezes meus antepassados
já não escutaram a famosa oração de exorcismo
em latim antes de morrerem queimados.
Queimados.
Por uma igreja branca, que queria exorcizar os
orixás com a cruz na mão e a Bíblia do lado,
E em nome de Deus, tentariam exorcizar Deus de
um simples médium incorporado.
Para.
Ninguém renega seus orixás.
Alguns preferiram a morte do que viver escondidos
pelos cantos,
E outros,
Não tiveram opção senão ajoelhar diante da
imagem dos santos
Do colonizador.
De cabeça baixa,
De forma branda,
Enquanto em suas orações mentalizavam Aruanda.
É por isso que católico reclamando de sincretismo
religioso
É uma coisa que eu já não irei mais aceitar

Se vocês não tivessem nos empurrado à força esse
monte de santo que pintam de branco
Nem existiria sincretismo em primeiro lugar.
Vocês que tentam me convencer de que vaidade é
pecado,
Logo eu,
Trabalhada no mel, filhinha de Oxum, deixa eu te dar
um recado:
Não vem com essa balela de 7 pecados pra cima
de mim não,
Porque minha mamãe é Deusa sim, é vaidosa sim, e tá
sempre com espelho na mão.
E não confundam as minhas palavras como um
desrespeito ao nosso Jesus, claro que não.
Jesus é luz, e foi humilhado, morto e torturado
Mas e os meus pretos velhos, também não foram não?
Vocês que pensam que macumba é maldade, bagunça,
Não cuidam da própria vida e querem cuidar da minha.
Vocês nem imaginam o tanto de bronca que levo se não
andar na linha.
Amigo, tu tá aí achando que eu tô aqui pra fazer
maldade com os outros,
Mas tudo que eu faço é pro bem
Muito diferente de você

Que deseja o inferno aos outros e no fim diz amém
E pra ser sincera, nós até podemos estar
meio perdidos,
Mas garanto que não tão perdidos quanto você.
Porque seguimos sendo humildes, só tentando respeitar
as regras e controlar os vícios
Alguns, com o cigarro da pomba gira, e eu com o brigadeiro da erê.
Não deixe que te façam acreditar que a religião do seu povo é culto ao diabo
Nem que quem guarda encruza é demônio, eu te garanto que não é o caso.
Sim, você é livre pra aderir à ideologia cristã, mas não, você não é obrigado.
E vale lembrar que ninguém também é obrigado a crer em coisa nenhuma não.
O ponto é você ter liberdade pra optar por uma religiosidade com as próprias mãos.
E eu não quero me alongar então, resumo aqui irmãos:
Esse preconceito vem de longe,
Eu sei que a pressão é grande, mas não vamos nos entregar.
Contra cada exorcismo em latim,

Oremos, Em iorubá.

Esperança

Minha vó dizia que esperança só machuca gente
como a gente.
Não concordava com ela,
Mas pensando melhor,
Se a esperança fosse negra,

Jamais seria a última a morrer.

Malê Editora e Produtora Cultural LTDA.
www.editoramale.com.br
contato@editoramale.com.br

Esta obra foi composta em Arno Pro Light e Rage Italic (miolo)
impressa na Trio Gráfica em papel Pólen Soft
para a Editora Malê, em agosto de 2024.